Vorwort

Liebe

Gedanken zu den „5 Sprachen der Liebe"
Der Zauber der unbesiegbaren Liebe
Wandle auf der Brücke der Liebe
Die Angst weicht der Liebe
Der einsame Zwerg
An den Engel der Liebe.
Gedanken zum Hohen Lied der Liebe
Der Schrei des Herzens
Die Prinzessin
Herz zu Herz

Das Leben

Das Glück liegt in uns selbst
Es ist still!
1000 Stimmen
Engel in Menschengestalt
Leben vs. Sinn
Am Ende ist alles gut!
Der weinende Clown
Kommerznachten

Ich danke allen Menschen, die mich zu all diesen Gedanken inspiriert haben.

Dieses Buch sei allen Menschen gewidmet, die ihr Leben mit offenen Augen und Herzen durchschreiten.

Danke für alles mein Engel.

Vorwort

Dieses Buch besteht aus Gedanken, die ich in besonderen Situationen meines Lebens geschrieben habe.

Teils sind sie anregend zum Nachdenken, manchmal aber auch erschreckend im Bezug auf die Realität, die das Leben so bietet.

Ich habe versucht die Texte in zwei Themen zu unterteilen. Einmal die Liebe und dann das Leben.

Ich hoffe, dass Ihnen meine Gedanken gefallen und vielleicht, wie bei mir, zu Veränderungen im Denken und Leben führen.

Viel Freude beim Lesen und Denken.

Liebe

Gedanken zu den „5 Sprachen der Liebe"

1. Lob und Anerkennung
2. Zweisamkeit, Zeit nur für Dich
3. Geschenke, die von Herzen kommen
4. Helfen, Hilfsbereitschaft
5. Berührungen, Zärtlichkeit

Wenn wir uns die Aufstellung dieser 5 Sprachen anschauen, so wird, gleich zu Beginn, eines deutlich. Die 5 Sprachen der Liebe, kann niemals einer allein sprechen, denn er würde nicht verstanden werden. Aber das Verstehen, ist eine der wichtigsten Grundlagen, für eine zwischenmenschliche Kommunikation. Egal, ob sie verbal, oder nonverbal geschieht. Ich erinnere mich gerade daran, als ich vor wenigen Tagen erst, in die Augen meines großen Schatzes, gesehen habe. Sofort habe ich verstanden, was sie mir sagen wollte.

Verstehen ist auch unumgänglich für die erste Sprache der Liebe. „Lob und Anerkennung!" Nur wenn ich jemanden voll und ganz verstehe, das beinhaltet auch sein Verhalten und seine Sprache, seine Gestik und Körperhaltung, dann kann ich ihm auch Lob und Anerkennung entgegen bringen.
Lob und Anerkennung steigern die Motivation, um sich in derselben Sache noch mehr einzusetzen. Nehmen wir zum Beispiel an, dass einer, in der Beziehung, dem anderen ein Gedicht geschrieben hat. Und der Empfänger sich darüber freut und auch noch betont, wie schön es sei, und welche Emotionen es ausgelöst hat. So ist der Schreiber sicher be-

reit sich diese Mühe wieder zu machen.

Zu Lob und Anerkennung gehört aber auch das Trösten, wenn einmal etwas nicht gelungen ist. Trost kann man aber nicht beziehen, wenn er, in den fünf Sprachen der Liebe gesehen, nur geäußert wird.

Da gehört auch schon die fünfte Sprache „Berührung, Zärtlichkeit" dazu. Wie viel Kraft kann der Mensch aus einer ernst gemeinten Umarmung oder gar einem innigen Kuss ziehen? Das ist doch mehr, als tausend Worte sagen können, oder liege ich da falsch?

Gehen wir eine Sprache weiter. Wie lang wird wohl eine Verbindung halten, wenn man sich nicht die Zeit nimmt, um gemeinsame Momente in Zweisamkeit zu erleben?

Sicher nicht sehr lange. Sicher, es gibt Umstände und Zeiten in der heutigen Welt, die es manchmal nicht erlauben, sich frei zumachen oder sich täglich nah zu sein. Aber wann immer es nur möglich ist, sollte man die Chance nutzen und sich Zeit für einander nehmen. Das geht auch dann, wenn es bedeutet ein Opfer zu bringen, oder auch einmal ein wenig Hektik in Kauf zu nehmen. Dies zeigt dem Anderen, wie wertvoll er einem ist. Und der Mensch, den man liebt, der sollte einem doch jedes Opfer wert sein.

Wie schön ist es, wenn der Mensch, der einem am meisten Bedeutet, plötzlich da steht und einen in den Arm nimmt? Was wären wir ohne diese Zeit zu zweit? Wieder so allein, wie wir es vor der Beziehung waren.

Die Einsamkeit des Herzens, welche es erleidet ohne die „wahre" Liebe, kann einem auch ein großer Freundeskreis nicht ersetzen, sie wird immer Fehlen, diese Zweisamkeit.

Geschenke, die von Herzen kommen, so heißt die 3 Sprache. Mit solchen Geschenken sind nicht die großen Statussymbole gemeint, die man für teueres Geld irgendwo erstehen kann und meint, man könne sich damit das Herz des anderen erkaufen. Aber was am Ende bleibt, sind oft nur Schulden und Einsamkeit.

Welche Geschenke sind es den, die des Partners Herz berühren. Es sind die, wie oben beschrieben, die von Herzen kommen. Und von Herzen kommen sicher nicht die großen Klunker, sondern die kleinen Dinge. Eine schöne Rose, ein selbst geschriebenes Gedicht oder etwas, dass sich der Partner von Herzen wünscht. Manchmal reicht es aber auch schon, wenn man dem nächsten ein Lächeln schenkt oder ein liebes Wort. Das alles soll jetzt nicht heißen, dass man nur noch das billigste vom Billigen schenken soll oder gar an einem Schreib- oder Bastelkurs teilnehmen soll. Nein, es dürfen auch mal etwas größere Geschenke sein, wenn sie gut vorbereitet sind und ein besonderes Erleben zu zweit ermöglichen.

Das wichtigste am Schenken ist nur, dass es von einem reinen liebenden Herzen kommt. Alles andere ist leeres Gewäsch.

Man kann dieses Geschenk auch noch kombinieren, mit der zweiten Sprache, in dem man dem Geliebten seine Zeit schenkt und sei sie noch so knapp bemessen.

In die vierte Sprache kann man auch wieder sehr vieles hineinlegen. Aber ich will mich mal auf zwei oder drei Gedanken konzentrieren.

Gerade eben sprach ich noch vom Trost, bei der ersten Sprache. Wie viel Hilfe kann oft die tröstende Anwesenheit des Partners sein oder eine Umarmung von ihm?

Es ist so unendlich hilfreich zu wissen, wenn ich meinen Freund, meine Freundin, meine Ehefrau oder meinen Ehemann brauche, dann ist er für mich da, egal wo er gerade ist. Es tut so unendlich wohl, wenn ich spüre, dass der Partner mir zu jeder Tages- und Nachtzeit seine Hilfe schenkt, wenn er mir verspricht an mich zu denken, wenn ich in eine schwere Situation hineingehe.

In der heiligen Schrift steht schon „Einer trage des anderen Last" und dies ist für mich in einer Beziehung unabdingbar. Denn nur, wenn ich dem anderen helfe und ihm immer beistehe, so weiß ich, dass wir gemeinsam eine leichtere Zeit erleben dürfen. Es darf Nichts, aber auch Nichts belastendes in einer Beziehung oder Ehe geben, dass der andere nicht weiß, denn er wird es sowieso spüren, wenn der andere etwas zu tragen hat.

Und die fünfte und letzte Sprache ist die, welche alle anderen Sprachen in eine zusammenfasst.

Berührung und Zärtlichkeit ist zum einen Lob und Anerkennung des Geliebten, denn es gab doch schon zu „Kindertagen" nichts größeres, als von der Mutter mit einer Umarmung belohnt zu werden.

Zärtlichkeit ist das größte, das man seinem Schatz schenken kann, denn man schenkt sich selbst, den liebkosenden Leib, die liebende Seele und den immer an den anderen denkenden Geist.

Was kann es schöneres geben, als die gemeinsame Zeit mit Berührungen und Zärtlichkeiten zu füllen. Sich daraus Kraft und Stärke zu holen, für die Zeit, in der man wieder getrennt ist.

Wie es sich mit der vierten Sprache verhält, habe ich ja o-
ben schon erwähnt.

Als ich mir so meine Gedanken darüber gemacht habe, was
die fünf Sprachen für mich bedeuten und wie sie in der
Welt gelebt werden, habe ich wieder einmal mit schrecken
festgestellt, wie arm doch diese Welt geworden ist.
Es gibt so viele Menschen, die durch ihre schon fast wahn-
hafte Liebe ihre Existenz verloren haben. Die wegen ihrer
nicht mehr enden wollenden Liebe von dem, den sie Lieben geschlagen und misshandelt wurden.
Es gibt aber auch die, und zu denen hätte auch ich fast ge-
zählt, die aus vielen Enttäuschungen heraus zum emotiona-
len Eisblock erstarrt sind.
Aber ich hatte das Glück, dass mich ein wunderbarer Engel
aus meinem Gefängnis befreit hat und ich bin ihm sehr
dankbar dafür. Und ich wünsche mir, dass es mir möglich
ist, die fünf Sprachen der Liebe wieder fließend zu erlernen
um sie dann, wenn es denn sein darf, mit diesem Engel auf
ewig zu sprechen.

Zum Abschluss möchte ich noch einen Appell an sie rich-
ten. Denken Sie auch einmal über diese fünf Sprachen nach
und erlernen Sie sie, wie eine Fremdsprache. Und ich bin
mir sicher, dass sie sehr bald mit dem Menschen, den Sie
lieben glücklich sind. Und ich wünsche Ihnen, dass es dafür nicht schon zu spät ist.
Wenn es ihnen bereits gelingt, so zu leben, dann beglück-
wünsche ich Sie von ganzem Herzen.

Der Zauber der unbesiegbaren Liebe

„Manchmal ist es besser etwas vorerst nicht auszusprechen und den Zauber zu genießen" so sagte mir ein Engel in den letzten Stunden.
Der Zauber ist größer als alle Magie, die wir auf der Erde finden können. Ja, er ist sogar ein Wunder.

Der Zauber der Entdeckung dessen was dieser Engel im Herzen trägt.
Der Zauber der Blicke in des anderen Augen und darin im Meer der Liebe zu ertrinken.
Der Zauber der Berührung, die einem die Gänsehaut auf den Körper zeichnet.
Der Zauber des Vermissens, schon bevor man sich wieder trennt.
Der Zauber der Wiedersehensfreude, die immer im Herzen steht, wenn man getrennt ist.
Der Zauber kleiner Geschenke, die Bände sprechen!
Der Zauber des geschenkten Herzens, der über Allem steht.
Der Zauber der neuen Zeit, der wir entgegen gehen ist so groß, dass er das eigene Herz zum Überlaufen bringt, dass ich am Liebsten zu diesem Engel rennen würde um ihm für immer mein Herz zu schenken.

Doch, es kommt der Tag, an dem der wundervolle Zauber sich verwandelt.
Verwandelt in eine unendliche Zeit der Gemeinschaft beider Herzen, die auch der Tod nie trennen wird.

Er wird sich in das Ergebnis inniger und tiefer Liebe verwandeln und für die eigene Seele stellt sich der Moment ein, an dem sie endlich ruhen darf.

Ab diesem Moment haben wir das Böse um uns herum besiegt und tragen den Siegeskranz der Liebe. Jetzt können wir genießen, wofür wir gekämpft bis zu diesem Moment.

Jetzt herrscht Ruhe und Zufriedenheit im Herzen dieses Engels und in meinem.

Wandle auf der Brücke der Liebe

Liebe heißt, lass immer eine Brücke entstehen. Zwischen vielen Menschen steht eine solche Brücke, aber sie trauen sich nicht, über sie zu gehen um das Ziel ihrer Liebe zu erreichen.

Schade eigentlich, denn es gibt nur ein einziges Hindernis, das ist der eigene Verstand. Vielleicht könnte ja der eine oder andere denken, dass da noch ein Grund wäre. Dachte ich auch zu erst, dass die Ablehnung des anderen mich von der Brücke stürzen könnte. Dem ist aber nicht so, denn wird die Liebe nicht erwidert, so entsteht diese Brücke erst gar nicht.

Das ist, was viele nicht erkennen. Sie sehen nur das Objekt, ich verwende jetzt bewusst diesen Begriff, ihrer Begierde und merken gar nicht, dass sie eigentlich in den reißenden Gewässern des Alltags, des Egoismus und der Ich-bezogenen Gesellschaft jämmerlich ersaufen.
Brücken habe so viele wunderschöne Eigenschaften, wenn man sich auf ihnen bewegt. Man überwindet jeden Strom, jedes Bächlein und jeden Ozean, wenn man nur lange genug daran baut. Es verbindet zwei Punkte miteinander. Und im Fall der Brücke aus Liebe, zwei Menschen. So eine Brücke, wenn man sie ohne Angst begeht, vermittelt Sicherheit, Geborgenheit, man vertraut ihr das eigene Leben an.
Wenn man sich dann in der Mitte begegnet, dann hält sie noch mehr für einen bereit. Den Ausblick in eine wunderschöne Zukunft, den Ausblick darauf einen Menschen zu

haben, der einen nie wieder loslässt, der an einen glaubt. Man sieht die Kraft und Freude in der Gemeinschaft mit dem Geliebten.

Schaut man nach unten, dann sieht man all diejenigen, die meinen auch auf einer solchen Brücke zu stehen, doch sie haben sich die Brücke bei einem Hochwasser einreißen lassen und schwimmen nun wie die Fischlein mit dem Strom.

Nur wir, die wir auf dieser Brücke stehen, wir leben. Und warum leben wir? Weil wir das wertvollste in unserem Leben besitzen. Jeder den er liebt.
Habe Mut, steig auf die Brücke und komm.

Die Angst weicht der Liebe

Heute mein Herz erstickt im Kampf der Gefühle. Dem Kampf zwischen Liebe und Angst. Der Liebe zu einem Menschen der mir so nah und doch so fern und der Angst, zu zerstören, was bisher so gut. Aber soll ich denn nun mein Leben lang sitzen im Kerker der Angst und Qual?

Ach Herr und Meister, was soll ich tun? Selbst auf Deine Zeichen hin fühle ich mich verschreckt von dem Gefühl der Liebe. Dabei sehnt sich mein Herz nach nichts Größerem als geliebt zu werden. Geliebt von einer Frau, die meiner entspricht und sieht meinen Kampf. Den Kampf mit mir selbst und meinem ich.

Oh Gott, so hilf mir doch, mir schwachem Fleisch und Leben, mir jämmerlichem Geschöpf, das zu nichts nutze. Bin ich denn wirklich voll von solcher Angst, dass diese schon meine Pein?

Aber als ich Dich dann durfte zum ersten Male im Arme halten, kam die Wärme über mich. Doch ich traute nicht zu sage, was mein Herz empfand. Doch die Zeit wird kommen, in der Taten, Worte folgen und besiegelt wird der Bund, sollt mein Herz nicht irren und bei Ihr liegt dasselbe Gefühl.

Nach dem ich keinen vernünftigen Gedanken konnte mehr fassen, tun auch nur die einfachsten Sachen. Da musst es geschehen, um nicht die Existenz zu verlieren.

Die Taten sind getan, die Worte stehen geschrieben. Der Bote hat sie überbracht. Nun sitze ich da, mit dem Stein auf dem Herzen, wartend auf Ihre Antwort. Sie mag schnell kommen, bevor der Stein des Ungewissen wächst und mir den Atem raubt. So komm doch zurück Du berittener Bote und rette mein Leben oder töte mich.

Stolz und froh, bin ich, dass die Courage war größer als ich und ich geschrieben die Zeilen, mit denen sie erfuhr von meiner Lieb. Doch lang war die Zeit des Wartens, bis der Bote kam zurück mit der Botschaft, welche ich erwartet so sehnsuchtsvoll.

In diesen Stunden ich die Knie hab oft gebeugt und gerungen mit dem Gott, und die Tränen rannen in Bächlein mein Gesicht hinunter und der Leib wurde schwach und schwächer. Alle Kraft habe ich investiert um die Zeilen zu schreiben, die Worte waren schwerer als die, zum Geständnis eines Mordes. Und nun sitz ich und wart auf das Urteil.

Ein Freund in dieser Zeit mir zur Seite stand. Seine Worte gaben Kraft und Mut. Als er sagt:

„Die Hoffnung, die das Risiko scheut,
ist keine Hoffnung...
Hoffen heißt, an das Abenteuer der Liebe glauben,
Vertrauen zu den Menschen zu haben,
den Sprung ins Ungewisse tun
und sich ganz Gott überlassen!"

Und ich frag, was ich tun solle, sei bereit diesen schweren Sprung zu tun. Da gab er mir zum Rat:

„Das Schönste und Wichtigste lässt sich nicht mit Worten sagen. Es kommt von ganz allein. Ein Blick, ein Lächeln, ein Schweigen, ein Nichts, das alles sagt."

Und wieder kam das Warten, das die Seele zerfrisst wie mürbes Fleisch. Und ich steh und halte durch. Und sei es heut mein letzter Tag, mit Eifer ich blick entgegen dem Tag, an dem ich endlich frei und glücklich bin.

Wird sie es verstehen, dass sie es ist, die mich kann befreien. Befreien von all der Trübsal, die mich treibt in die Melancholie, den Schmerz und in die Bitterkeit. Ob sie sieht, dass sie die Lösung ist zu meiner Trauer und meinem Leid? Oh Gott, ich hoff es.

Endlich, der Bote kehrt zurück! Was wird er mir wohl überbringen? Mit zitternder Hand das Pergament ich übernahm. Kaum kann ich die Rolle öffnen, doch endlich es gelingt. Mit zitternder Stimm les ich mir laut, Wort für Wort.

„Mein Herr, auch ich habe mich in Euch verliebt. Doch lasst mir Zeit, denn ich kenn Euch kaum. Aber ich bin gewillt, an Eurer Seite zu leben, Euch lieben zu lernen."

Allmächtiger!! Man könnte meinen, dass in dieser Sekund, ein großer Fels von meinem Herzen fällt. Mit großem Getöse, gerade in das Tal.

Plötzlich, alles ist verflogen, die Angst ist weg! Und ich bin frei!

Der einsame Zwerg

Es war einmal, vor sehr langer Zeit, da lebte, in einem kleinen unzugänglichen Haus, ein kleiner nichtsnutziger Zwerg. Der war zufrieden mit seinem Leben in der Einsamkeit. Der lebte so vor sich hin und genoss alles, was die Natur ihm bot. Er freute sich über Pflänzchen und Tierchen. Doch irgendwann, war im alles zu viel, er verließ sein Häuslein nicht mehr und zog sich zurück und lebte als Einsiedler.

Ein ganz widriger Umstand machte es nötig, dass er sein Häuslein wechseln musste, und so zog er traurig von dannen. In seinem neuen Häuschen passierte etwas, er verspürte den Drang es wieder zu verlassen. Er spürte, dass er wieder durch die Natur streifen musste, wie früher. Und auf einem seiner ersten Streifzüge, durch die neue Umgebung, da sah er von weitem etwas glitzern und leuchten. Doch nach all der Zeit, die er so in seiner Einsamkeit war, hatte er eine Angst für alles Neue entwickelt. Und so traute er sich nicht darauf zu zugehen.

Aber in den nächsten Wochen und Monaten wurde er von Tag zu Tag mutiger und ging immer einen Schritt näher auf das Glitzern und Leuchten zu und er spürte wie sein Herz fast übersprang, bei jedem mal, wenn er dieses Leuchten sah. Irgendwann stand er davor und erkannte was es war. Es war wohl der schönste und größte Diamant, den ein Mensch je gefunden hat. Von jetzt auf nachher verlor sein Herz den Schwermut, den es hatte. Der Zwerg hob den

Stein auf, und zu seiner Verwunderung war er leichter als er dachte.

Zu Hause, stellte er den Stein auf einen besonderen Platz. Jedes Mal wenn er ihn anschaute und anfasste, wurde sein Herz warm und bekam den Drang zu springen. Und er liebte diesen glänzenden und leuchtenden Diamant über alles. Er dachte an eine wunderschöne Zukunft, die er durch diesen Stein haben würde.
Doch nach einiger Zeit, verlor dieser Stein plötzlich sein Leuchten. Zu Beginn versuchte der Zwerg noch alles um ihn am Glitzern zu halten. Er polierte ihn, versuchte ihn mit allen Mitteln am Leben zu halten. Doch es half nichts. Der Stein wurde matt und letztendlich ganz schwarz. Alle Pläne, die der Zwerg gemacht hatte, verschwanden im Nichts. So vieles hatte er aufgeben wollen, für diesen Diamanten und beinahe wäre ihm nichts davon geblieben.

Doch dieses Mal, verlor er nicht seinen Mut und begann wieder sein altes Leben zu führen, dass er einst so mochte, bevor er sich zurückzog. Und doch war alles anders. Jedes Mal, wenn er an den Diamanten herantrat, dann schmerzte sein Herz, denn insgeheim liebte er diesen Stein noch immer. Oft stellte sich der Zwerg die Frage, was geschehen sein mag, dass der Diamant seine Wärme verlor. War es wirklich nur der Faktor, dass sich der Diamant das Leben mit diesem Zwerg anders vorgestellt hatte und den Zwerg nicht so akzeptieren konnte, wie er war?

Der Zwerg wird wohl nie dahinter kommen, solange der Diamant schwarz und kalt ist und schweigt.

An den Engel der Liebe.

Du mächtiger Engel, der mich erfüllt mit Liebe,
erfüll mir den Wunsch des Lebens.
Schenk mir den Menschen, den ich im Herzen trage.
Berühre unsere Herzen und erfülle sie mit Deiner Liebe.
Schenk uns den Mut, den Verstand zu überwinden,
das Geschwätz der Gesellschaft zu überdecken.
Schenk uns die Kraft, durch Deine Liebe,
alle Prüfungen zu überstehen.
Schenk das Vertrauen zu einander,
egal, was geschah und noch geschieht.
Schenk uns die Geborgenheit in Deiner Liebe.
Segne unsere Werke, die wir für den Liebsten tun.
Schenk uns die Zeit um die Zweisamkeit zu genießen.
Schenk uns Deine Liebe, die uns das Leben versüßt,
die Zeit anhält.
Schenk uns den Glauben an Dich,
denn er bringt Deiner Liebe Licht.
Zeig uns den Weg, der zu gehen ist,
damit wir auf ewig glücklich sind.
Schenk uns die Kraft zum Geständnis der Liebe,
zum Geständnis der Freundschaft,
zum Geständnis des Vertrauens,
für alle Zeit.

Gedanken zum Hohen Lied der Liebe

„Nun aber bleiben Glaube, Hoffnung, Liebe, aber die Liebe ist die größte unter Ihnen" (letzter Satz des neuen Hohen Liedes aus Korinther 13)

Wen kenne ich denn noch, der nach dem Hohen Lied der Liebe lebt? Wenige, äußerst wenige.

Heute ist es doch viel einfacher, den lieben Gott einen guten Mann sein zulassen, als sich mit ihm zu beschäftigen. In unserer schnelllebigen Zeit, ist doch gar kein Platz mehr für unseren Gott. Oder doch?
Natürlich hat er noch Platz. Zumindest hat er bei mir wieder einen gefunden, auch wenn es mich viel gekostet hat. Es hat mich meine Gesundheit gekostet. Es hat mich meine Unbeschwertheit gekostet, denn jetzt muss ich mich vorher fragen: „Kann ich das noch?"

Es stellt sich aber die Frage, warum vielen Christen Gott, ja ich wage zu behaupten, gleichgültig geworden ist. Ganz einfach. Routine!
Die Routine hat heute auch in den Kirchen Platz genommen und füllt die Kirchen. Einige Plätze füllt die Routine so, dass sie Kirchgänger vertrieben hat. Manche Plätze hat sie mit monoton wirkenden Menschen besetzt, die einfach da sitzen, weil sie es nicht anderes kennen. Sonntag für Sonntag rennen diese Menschen in ein Gotteshaus und wissen nicht mal warum.

Was hat denn die Routine zur Folge? Routine erkaltet den Menschen in seinem Inneren. Der Glaube wird kleiner und kleiner, bis er nur noch ein kleiner Funke ist, der zuwenig Sauerstoff zum Durchzünden bekommt. Man glaubt dann schon noch, dass es einen Gott gibt oder zumindest ein höheres Wesen oder eine unsichtbare Macht. Aber der Inhalt des christlichen Glaubens ist verloren gegangen. Irgendwann vergisst man, was jeder in der Schule und im Religionsunterricht gelernt hat, was die großen Feiertage des Christentums bedeuten. Ostern ist nur noch zum Eier suchen. Pfingsten, ein verlängertes Wochenende und Urlaubsgelegenheit. Himmelfahrt wird zum Vatertag. Und die Geburt Jesu wird zu X-mas. Welch große Bedeutung aber dahinter steht, dass weiß aber keiner mehr so genau. Inhalte der christlichen Lehre werden in Frage gestellt und die Bibel zu einem Märchenbuch. Der Glaube ist hinüber.

Der Glaube wird zum Egoismus. Sätze wie „Ich glaube an mich selbst", werden immer lauter. Der Glaube ist gestorben. Beerdigt unter Zeitdruck, Statussymbolen und einfach Leben und leben lassen.

Aber es bleiben ja noch Hoffnung und Liebe, was wird denn aus den Beiden?

Fangen wir mit der Hoffnung an. Die Hoffnung auf das wiederkommen des Sohnes Gottes existiert ohne Glauben nicht mehr. Und doch sind die Menschen voller Hoffnung. Sie hoffen auf eine starke Karriere, auf ihren Erfolg und nicht zuletzt auf besseres Wetter. Kommt aber ein Tief, so beginnt die Hoffnung in den Hintergrund zu treten. Man verlässt sich auf sich selbst und kämpft und schafft ohne Erfolg. Man stürzt in den Abgrund, versucht das Letzte aus sich herauszuholen und ergreift jede Chance noch einmal das Steuer rum zureißen. Und dann kommt der Satz „Ich habe die Hoffnung aufgegeben!"

Bleibt noch die Liebe.

Aber wenn Glaube und Hoffnung hinüber sind, dann wird das mit dem Lieben auch sehr schwer. Viele haben bis zu diesem Zeitpunkt schon so manches verloren, was sie einstmals geliebt haben. Die Ehe ist kaputt, Freundschaften sind zu Feindschaften geworden. Man sitzt ganz unten und hält sich krampfhaft an Dingen fest, die man liebt oder besser die einem noch etwas bedeuten. Was folgt, man verlernt das Gefühl der Liebe, die eigentlich die Größte sein sollte, dann kommt das Ende. Depression um Depression. Man erkennt keinen Sinn mehr in seinem Leben, alles scheint nutzlos. Man ist kraftlos und leer. Was soll einen denn auch erfüllen, wenn man keine Liebe mehr empfängt und geben kann, nichts.

Und doch hat die Menschheit einen Weg gefunden, dass sich nicht jeder, der eigentlich in diesem Tal sitzt, das Leben nimmt. Routine!
Routine ist der Zeitgeist, der einem sogar die Zeit nimmt um über sich und seine Situation nachzudenken.

Aber beleuchten wir doch mal die Seite derer, die Glauben haben, die die Hoffnung hochhalten und die soviel Liebe in sich tragen, dass sie diese sogar ausstrahlen und andere Menschen in ihren Bann ziehen können.

Diese Menschen haben ein Ziel! Es ist das große Ziel, dass uns Jesus einst verheißen hat. Ewig beim Vater und bei ihm zu sein. Ohne Sorgen, ohne Krankheit und vor Allem ohne Routine. Man könnte sich jetzt sagen; „Denen geht es aber gut!"

Falsch!

Es ist viel schwerer am Glauben, Hoffen und Lieben zu bleiben, als im Sumpf der Routine zu versinken. Aber warum?

Da sind zum einen die Kämpfe sein Leben nach seinem Glauben auszurichten, mit aller Konsequenz. Das heißt, wenn möglich zu den Gottesdienstzeiten keine anderen Tätigkeiten und Termine zu haben. Sich auch in Krankheit und widrigen Verhältnissen in das Gotteshaus zu zwingen, wie es auch die Christen in Afrika tun, die oft Tage unterwegs sind. Das bedeutet aber auch, dass man offen in seinem Umfeld dafür eintreten muss ein Christ zu sein. Was oft sehr schwer ist. Denn erklären sie mal ihrem Chef, der sie an einem Sonntag zu einer Messe schickt, dass es erst ab 11 Uhr möglich ist.

Aber das ist ja nicht das Einzige, was das Glauben so schwer macht. Im Gegenteil, das dürfte der leichtere Teil gewesen sein.

Der andere Teil sind die Prüfungen, die Gott einem auferlegt um den Glauben zu prüfen.

Aus meinem Leben könnte ich von einigen Prüfungen berichten, die dieses belegen. Eine möchte ich kurz berichten.

Meinem Stiefvater wurde kurz vor Weihnachten eröffnet, dass er unter Krebs leide. Man wusste zu dem Zeitpunkt noch nicht, wo der Muttertumor sitzt, man hatte lediglich Metastasen entdeckt. Mein Stiefvater sagte dann: „Wenn Gott es so will, dann nehme ich es an!" Es folgten viele Krankenhausaufenthalte und der körperliche Zustand meines Stiefvaters verschlechterte sich zusehends. Als er kaum noch in der Lage war zu gehen und nur noch mit Rollator und Rollstuhl mobil war: „Wenn Gott mein Leben so sieht, dann nehme ich es so!" Diese Haltung behielt er selbst im Todeskampf.

Wäre es in dieser Situation nicht einfach gewesen zu sagen, es gibt keinen Gott? Sicherlich. In dieser Situation trafen sich die beiden Komponenten Glaube und Hoffnung. Mein Stiefvater hatte bis zum Schluss die Hoffnung, dass Gott ihm helfen werde. Und er hat ihm geholfen, zwar nicht so, wie wir hier auf der Erde das gern gehabt hätten und doch hat er ihn von seinem Leiden erlöst.
Da ich heute selbst an einer chronischen Krankheit leide, kann ich nur im Ansatz erahnen, welche Glaubenskämpfe er sicher geführt hat. Aber er hat sie keinem gezeigt. Das ist ja das Besondere an einem tiefen Glauben. Er, der Glaube, geschieht nicht in der Öffentlichkeit. Selbst Jesus wollte anfangs nicht zum „Medienstar" werden. Immer

wenn er jemanden geheilt hatte sagte er: „Gehe und sage es niemandem!" (vgl. Matthäus Evangelium)

Kommen wir zur Hoffnung, der Glaube an Gott wäre nur halb so schön ohne die Hoffnung, dass er uns ins Paradies holt. Die Hoffnung am großen Tag des Herr dabei zu sein. Jede Woche neu die Hoffnung darauf, dass der Herr uns wieder die Sünden vergibt. Die Hoffnung, dass man würdig ist in den Augen des großen Gottes. Die Hoffnung, dass Gott unsere Gebete erhört. Die Hoffnung, dass Gott uns nie im Stich lässt.

Das Besondere an der Hoffnung ist, dass sie immer wieder zur Gewissheit wird. Ich selbst durfte schon oft erleben, dass mich mein Gott nicht allein gelassen hat. Ich bin mir also gewiss, dass es einen Gott gibt. Ich hatte Gebetserhörungen, ich bin mir also gewiss, dass Gott mich hört.

Was der Geist nicht fassen kann und schwer fällt zu glauben, da muss die Hoffnung einsetzten.

Kommen wir zu der Liebe.

Die Liebe ist doch das elementarste Gefühl, dass der Mensch kennt. Schon bevor er die Welt betritt, spürt er die Liebe der Mutter. Ohne Liebe ist der Mensch nicht lebensfähig, was Experimente bewiesen haben.
In einer Partnerschaft ist es doch einfach schön, wenn man sich gegenseitig die Liebe immer wieder auf das Neue beweisen kann.

Auf die Frage, wie ich mir meine Traumfrau vorstelle, habe ich einmal gesagt: „Immer wenn ich sie ansehe, muss ich mich aufs Neue in sie verlieben."

Und nun die größte Liebe. Die Liebe Gottes, unseres himmlischen Vaters. Wie groß muss seine Liebe zu uns sein, dass er seinen Sohn für uns opfert, nur damit uns unsere Sünden vergeben werden können? Wie groß muss seine Liebe sein, dass wir nach einem uns bewegenden Gottesdienst die ganze Welt umarmen könnten? Welche große Liebe legt er in uns hinein, dass wir in der Lage sind Menschen zu lieben und zu achten, die uns einmal unangenehm waren. Welche große Liebe legt er in uns, dass wir in der Lage sind unser Leben für den Nächsten zu riskieren? Es ist unermesslich.

Fügen wir nun die drei Dinge wieder zusammen.

Glaube, Hoffnung, Liebe, diese drei Dinge zusammen ergeben allein ein erfülltes und abwechslungsreiches Leben.

Alles Andere ist Leerlauf und Routine.

Ich hoffe, dass der Gott, an den ich felsenfest glaube, mich mit seiner Liebe vor der Routine bewahrt.

Der Schrei des Herzens

Es ist schon eine Zeit vergangen,
als mein Herz zuletzt war gefangen.
Gefangen von dem starken Triebe,
der großen und einzigartigen Liebe.

Als ich dacht, für mich würde es das nicht mehr geben,
tratest Du mein Engel in mein Leben.
Du gabst mir zum Kampf, neuen Mut und Kraft,
hältst seit jenem Tag in meinem Herzen Wacht.

Doch dann kam der Augenblick,
ab dem wir uns verstanden, nur durch einen Blick.
Seit dem Tag, mit lieblichem Schmerz,
höre ich den Schrei aus meinem Herz.

Es ruft zu Dir, mit leisem Lied, dass Liebe siegt.
Sie siegt im Kampf zwischen Herz und Verstand,
der schon oft eine Narbe in unser Herz gebrannt.

Wir spüren beide diese schöne Macht,
die allein Herzen glücklich macht.
Erhöre diesen Schrei aus meinem Herzen,
heile mich von diesen großen, lieblichen Schmerzen.

Dies ist mein Wunsch an Dich, erlöse mich.

Mein Herz, es ruft nach Dir in leisem Lied,
erzählt Dir, dass Liebe siegt.

Die Prinzessin

Es war vor langer, langer Zeit, im Königreich des großen, aber barmherzigen Königs Malama. Der besaß eine Tochter, die so schön war, dass alle jungen Männer des Volkes und über die Grenzen hinaus verliebt waren. Ihr goldenes Haar und ihre Augen, welche den Weltmeeren glichen, machten ihre Gestalt zu der eines Engels. Aber auch ihr Herz war das eines großen Engels. Viele hatten schon versucht das Herz der Prinzessin zu gewinnen, doch keinem gelang es.

Zu dieser Zeit lebte auch ein junger Mann, den alle nur den Träumer nannten, denn auch er liebte die Prinzessin, doch sein Stand als Tagelöhner eines großen Gutsherrn gönnte es ihm nicht einmal in ihre Nähe zu kommen.

Eines schönen Tages kam der Bote des Königs ins Dorf und brachte Kunde vom Königshof.

„Seine Majestät der König verspricht dem seine Tochter, der sie wieder aus ihrer Trübsinnigkeit und Traurigkeit erlöst. Dazu noch das halbe Königreich." Der Träumer sah endlich die Möglichkeit, das Herz der Prinzessin zu gewinnen. Er ging also zum Hof des Königs, wo bereits eine kilometerlange Schlange an jungen Männern darauf wartete der Prinzessin wieder ein Lachen auf die Lippen zu zaubern. Doch keinem gelang es.

Endlich war kam auch der Träumer an die Reihe. Er setzte sich neben die Prinzessin an deren Bett und schaute ihr einfach in die Augen. Dort saß er mehrere Stunden ohne etwas zu sagen oder zu tun. Aber jeder andere, derer Prinzessin lästig war, wurde aus dem Schloss geworfen, nicht so der Träumer.

Nach einigen Stunden, die er damit verbrachte in die Augen zu schauen, rannen ihm auf einmal Tränen aus den Augen über die Wangen.

„Ich weiß, wie es Dir geht mit all den Enttäuschungen, die Dein einsames Leben mit sich bringen" sagte er dann. Die Augen der Prinzessin begannen zu leuchten und sie ob den Kopf und sah dem Träumer tief in die Augen. „Du kannst mich wirklich verstehen?", fragte sie ihn mit Tränen in den Augen, jeder im Raum spürte, dass sich etwas verändert hatte im inneren der Prinzessin.

„Ja, ich verstehe Dich, denn auch ich bin einsam und oft allein. Ich habe Dein Herz gesehen und darin den Wunsch gelesen, dass Dich ein Mensch so liebt wie Du bist und Dich aus Deinem Gefängnis bereit. Aus dem Gefängnis der Einsamkeit, der Kälte. Dein Herz will endlich geliebt sein und sich geborgen fühlen."

Die Prinzessin begann leicht zu lächeln. Sie erhob sich aus dem Bett „begleite mich in den Garten". Er tat, wie im geheißen war und folgte ihr. Stundenlang gingen sie im Garten umher und sprachen viel miteinander. Als sie zum Schloss zurück kamen bat die Prinzessin den Träumer, doch morgen wiederzukommen. Und er kam.

Sie erwartete ihn bereits im Garten, sah ihm in die Augen und sagte zu ihm „Du hast es geschafft, dass ich mich freiwillig aus dem Bett erhob und mich angezogen habe. Schenk mir noch mehr aus Deinem Herzen und ich bin frei."

Wieder gingen sie stundenlang im Garten spazieren und unterhielten sich. Aber von Stunde zu Stunde wurden beide freier und gelöster. Und mit einem Mal hörte der König seine Tochter im Garten herzhaft lachen.

Hand in Hand kam sie mit dem Träumer in den Thronsaal des Königs. „Vater, dieser Mann hat mich von meiner Trübsal befreit, belohne ihn fürstlich." Sie machte eine Pause. „Und Vater, ich liebe diesen Mann und ich werde gern seine Frau".

Der König stand auf mit Tränen in den Augen „Träumer, Du hast meine Tochter nicht nur aus ihrer Trübsal befreit, sondern auch ihr Herz erreicht. Ich danke Dir dafür. Um Zeichen meines Dankes ernennte ich Dich zum Grafen über mein westliches Reich und gebe Dir meine Tochter zur Frau. Willst Du das?"

„Eure Majestät, nichts Größeres kann ich mir vorstellen, denn ich liebe Eure Tochter schon seit ich sie das erste Mal gesehen habe, aber damals bezog sich das nur auf ihre Schönheit. Doch nun habe ich ihr Herz gesehen und liebe sie wegen ihrem Herzen."

Der König ließ ein Fest feiern im ganzen Land, das sieben Tage und Nächte dauern sollte. Dann kam der Tag der

Hochzeit. Ein rauschendes Fest, wie es noch kein Königreich gesehen hat. An keiner anderen Hochzeit wurde soviel von Liebe und Dankbarkeit gesprochen wie an dieser.

Als das jungvermählte Paar aufbrach um ihr eigenes Schloss zu erreichen, sagte der Träumer, für niemand anderes hörbar, als nur für die Prinzessin.

„Ich liebe Dich mein Engel!"

Und sie lebten fortan glücklich und zufrieden und schenkten dem Land einen Thronfolger, der später als der König der Liebe in die Geschichte eingehen sollte.

Herz zu Herz

Das Herz, das in uns schlägt, ist eine kleine Wundermaschine. Tag für Tag schlägt es in unserer Brust und hält uns am Leben. Es strotzt vor Kraft und Energie, selbst dann, wenn wir die Lust am Leben verlieren, so schlägt es weiter und weiter.

Aber es gibt noch ein Herz in uns, aber dieses Herz kann kein Arzt der Welt mit Geräten sichtbar machen. Dieses Herz ist noch ein viel größeres Wunder als jenes, das Tag für Tag und stupide seine Arbeit tut.

Dieses Herz erhält uns nicht nur physisch am Leben. Nein, es regiert und steuert unser eigentliches Leben. Unsere Gefühle, unsere Motivation und führt uns zu unseren Träumen.

Doch was mich noch viel mehr daran fasziniert. Dieses Herz kann auch reisen. Es verlässt uns um zu anderen Herzen zu gehen. Aus diesem Grund ist es auch möglich, Menschen lieben zu lernen, die nicht in unserer unmittelbaren Nähe sind. Dieses Herz braucht keine Augen um zu erkennen, ob wir einen Menschen mögen, ob er zu uns passen würde oder eben nicht.

Wir Menschen sind immer der Meinung, dass unsere "fleischlichen" Augen den Menschen sehen müssen, den wir lieben könnten. Dadurch begehen wir immer wieder den Fehler, den ich schon einmal beschrieben habe. Wir

reduzieren diese Menschen auf das, was sie äußerlich dar-
stellen.

Doch unser Herz könnte uns die Wahrheit sagen. Es ist mit
so vielen Fühlern und Öffnungen ausgestattet, dass es die
Dinge wahrnimmt, auf die es wirklich ankommt. Es sind
die Dinge, die der andere Mensch auch in seinem Herzen
trägt. So kann es nur sein, dass Herz und Herz entscheiden,
ob sie sich lieben und nicht die Augen und der Verstand.

Ein Dichter sagte einmal "Nicht die Schönheit entscheidet,
wen ich liebe, sondern die Liebe entscheidet, wen ich
schön finde!"

Wenn man diesem Ausspruch auch nur einen funken
Wahrheit zuspricht, so könnte man auf die Idee kommen,
dass es tatsächlich sein kann, dass sich zwei Menschen nur
über geschriebenes Wort verlieben können. Ich spreche
hier von all denen, die sich, für manche völlig wider-
sprüchlich, im Internet verliebt haben.

Für mich gehört allerdings noch eines dazu, denn geschriebenes Wort kann mir zwar zeigen, welche Eigenschaften
ein Mensch besitzt, aber erst die Stimme hinter diesen
Worten kann mir beweisen, dass diese wirklich existieren.

Die Stimme ist oft ein Spiegel der Seele, je wärmer sie für
mich klingt umso geborgener fühle ich mich in ihr. Ein fri-
sches Lachen zeigt mir, dass es ein fröhlicher und offener
Mensch ist. Und irgendwann kommt die Zeit, in der die
Stimme beginnt noch wärmer und sehr ruhig zu werden.

Für mich ist das ein Signal des Herzens, das mir sagen will "Ich hab Dich gern!"

Es hat für mich etwas Magisches zu erleben, wie zwei Herzen über die Distanz so zu einander eine Verbindung aufbauen. Und wenn mein Verstand diese Tatsache dann realisiert, liegt es an ihm, diese Verbindung zu pflegen und sie zu zulassen.

Vor allem dann, wenn zwei Herzen sich über große Distanzen kennen lernen und der Verstand dies realisiert, braucht es großen Mut dieser zarten Verbindung Raum und Chancen zu geben, dass sie wachsen und sich festigen kann.

Diese anfängliche Verbindung zweier Herzen ist so zart, dass ein falsches, unbedachtes Wort, diesen dünnen Faden zertrennen können. Aber je mehr wir diese Verbindung einfach durch unser Herz pflegen, umso stärker wird die Verbindung.

Dann wird auch sicher bald der Wunsch im Herzen erwachen, auch die "Hülle" des anderen Herzens kennen zu lernen. Und wenn einem das eigene Herz sagt, dass sich ein Traum erfüllen könnte, dann wird es auch keine Ruhe geben, bis ihm der Wunsch gewährt wird zu reisen.

Herzensträume sind dazu da, um sie sich zu erfüllen. Und wer mich kennt, der kennt meine Einstellung zur inneren Stimme. Nur der, der auf sein Herz hört, der wird wirklich glücklich werden.

Herz zu Herz, erfüllt den Traum.

Das Leben

Das Glück liegt in uns selbst

In der heutigen Gesellschaft ist es doch so, dass es immer mehr Menschen gibt, die unzufrieden und unter völliger Routine durch die Welt eilen.

Ich möchte Ihnen einige Gedanken zu diesem Thema auseinandersetzen und damit vielleicht Denkanstöße für das Leben geben. Ich für mich habe mir darüber viele Gedanken gemacht. Und ich versichere Ihnen, dass ich immer wieder an diesen Gedanken weiter schreiben werde.

Viele Menschen unter uns, jagen ihrer eigenen Karriere und immer mehr Statussymbolen hinterher und vergessen dabei, dass sie etwas besitzen, das mit dieser Lebensart auf der Strecke bleibt. Nämlich sich selbst.

Burn – Out, Müdigkeit und Stress stehen auf der Tagesordnung von fast jedem von uns. Und nur, weil sich viele keine Zeit mehr für sich nehmen. An allen Ecken und Enden hört man die Worte „Ich habe keine Zeit!"

Betrachten wir zum Beispiel einmal die Fußgänger – Zonen damals und heute. Früher gingen die Menschen langsam und ungezielt durch die Straßen, blieben da und dort stehen und betrachteten sich die schönen Dinge in den Schaufenstern oder beobachteten einfach die Menschen, die an ihnen vorüber gingen. Heute rennen die Menschen zielgerichtet und gehetzt in die Geschäfte und wissen genau, was sie kaufen wollen. Sie kaufen es und rennen wieder davon. Und ihre Gesichter sind angespannt, die Mundwinkel hängen tief und die Augen sind ohne Glanz und zu Schlitzen verengt.

Das macht sich auch in der Merkfähigkeit der Menschen bemerkbar. Ich selbst stelle es an mir, in sehr unruhigen Tagen immer wieder fest, dass ich Dinge die nicht unbedingt die höchste Priorität im Alltag haben, vergesse. Oft entfallen mir in diesen Tagen auch Sprichwörter bzw. deren korrekter Wortlaut. Ich vergesse, wo ich meine Schlüssel habe abgelegt oder vergesse mein bestelltes Rezept aus der Apotheke zu holen. Ich bin unausgeruht und wenn ich nicht aufpassen würde, so würde ich jeden Morgen verschlafen.

Der Mensch sieht unglücklich aus und ist es auch, denn er sucht etwas, das er verloren hat. Er hat sich selbst verloren. Die Freude am Leben ist im irgendwo in dieser gestressten, aber vor allem egoistischen Welt abhanden gekommen, und sie hat sich vor der Menschheit anscheinend versteckt. Die Jagt nach Ruhm, Anerkennung und Reichtum hat des Menschen Ich gestohlen. Daraus sind diese „Konsumzombies" entstanden, die monoton durch die Welt rennen und keinerlei Emotionen mehr zeigen können.

Und noch eine Art der Charakterlosigkeit hat sich daraus entwickelt.

Die Rechthaberei und Selbstüberschätzung. Wie oft geschieht es, dass man ohne es zu wollen in banale Streitigkeiten verwickelt wird, nur weil jeder meint, dass er im Recht sei, anstatt einfach dem anderen auch mal das Recht zu lassen oder seinen Standpunkt zu akzeptieren.

Respekt vor dem Gegenüber ist schon lange kein wirkliches Thema mehr, aber man könnte ihn und seine Ansichten zumindest akzeptieren.

Nun werde ich einmal einige Punkte beleuchten. Dadurch wird vielleicht deutlich, was in den letzten Jahren geschehen ist, dass die Menschen so in diese Richtung abgedriftete sind.
Einer der Gründe ist die heutige Medienwelt, die jeden dazu ermutigt nach Statussymbolen und Ruhm zu jagen, der Preis dabei spielt keine Rolle, denn dazu gibt es ja die Traumkredite.

„Mein Haus, mein Boot, mein Pferd..." Schon dieser Vergleich der beiden Menschen zeigt doch, dass man mit Geld alles tun kann, auch wenn man dazu Kredite braucht. Doch viele haben bei der beginnenden Jagt nach diesen Statussymbolen vergessen, dass man diese Kredite auch irgendwann zurückzahlen muss oder die Bank einem irgendwann keine Geld mehr gibt. Aber wer an dem Punkt angekommen ist, ist oft schon so abgestumpft, dass es ihn kaum noch interessiert oder gar schockt und mit negativen Gefühlen belegt. Ausnahmen gibt es wie überall auch hier.

Der andere Weg zur Unzufriedenheit ist die Jagt nach Karriere, Ruhm und Anerkennung. Wenn man Menschen beobachtet, die immer weiter aufsteigen in der Gesellschaft, stellt man fest, dass ihnen, das was sie erreicht haben nicht mehr genügt. Die Jagt wird immer schnell, die Ziele immer größer und unerreichbarer. Und je höher die Stufe in der Gesellschaft um so mehr Geld liegt auf dem Konto, doch die Menschen wissen nicht mehr, was sie sich noch kaufen sollen, denn sie besitzen ja bereits alles oder haben keinen Platz mehr für all diese Dinge. Sie werden unzufrieden und suchen etwas, ohne das Gesuchte bezeichnen zu können.

Und es gibt noch viele ähnliche Gründe, die man ausführen könnte.

Eigentlich wäre es so einfach, das zu finden, was sie verloren haben. Denn die „Karrierehengste und –stuten" bräuchten nur beginnen wieder auf ihr Herz zu hören. Das suchen, was ihre Augen wieder zum Leuchten bringt.
Es ist zum einen die Freude am Leben, die sich im Innersten zurückgezogen hat und aufgehört hat, gegen die Bedrängnis der „irdischen" Strömungen zu kämpfen. Die Freude an der Natur, der Freude an Freundschaft und Gemeinschaft. Die Freude an den Werten, die der Menschheit einst so wichtig waren.

Der Mensch sucht aber auch die Liebe, die einst dieses wunderbare Hochgefühl in uns selbst ausgelöst hat. Die Liebe innerhalb der Familie, die wir als Kinder noch erlebt haben. Die Liebe zu einem besonderen Menschen, der für uns einmal ein Engel war. Die Liebe zu einem Menschen um den wir gekämpft haben, damit auch er uns liebt. Stattdessen finden wir immer mehr Zweckgemeinschaften in einer Ehe oder massive Scheidungsraten.

Der Mensch sucht das Glück in Reichtum und Karriere und findet es nicht, denn Glück ist eine Emotion. Emotionen haben in der heutigen rationalen Welt nichts zu suchen und verschwinden immer mehr aus der Gesellschaft.

Ich für meinen Teil habe wieder etwas in meinem Leben gefunden, dass für mich sehr wichtig ist. Einen lieben Menschen, mit dem ich mich wortlos verstehe und der mich so annimmt, wie ich bin. Durch diesen Menschen habe ich wieder begonnen zu kämpfen. Kämpfen gegen Krankheit, Schmerz und Emotionslosigkeit.

Diese Tage sagte dieser Mensch zu mir „Wenn Du mich brauchst, dann bin ich für Dich da!" Darauf konnte ich nur sagen, dass sie, ohne es zu merken, schon die ganze Zeit für mich da sei. Und die Gründe dafür habe ich oben erwähnt. Dieser Mensch hat mir gezeigt, dass es sich lohnt zu kämpfen.

Das Gefühl, niemals allein zu sein, ist auch eine solche Freude, die ich oben genannt habe. Wie viele Augenblicke war ich stumm und blind aus Einsamkeit. Und jetzt? Jetzt gehöre ich wieder zu den glücklichsten Menschen auf der Erde, denn ich bin nicht mehr allein.

Durch diesen Engel habe ich wieder gelernt, meine Gefühle zu öffnen und das Leben zu genießen. Ich erkenne wieder die Wunder der Natur und freu mich an der Schöpfung. Alles andere, was das weltliche Leben betrifft wird dadurch zweitrangig und tritt in den Hintergrund, wo es hingehört.

Höre auf Dein Herz und Lebe, heißt für mich die Stunden in der Zweisamkeit zu genießen. Gedanken an eine Zukunft zu zulassen und von ihr zu Träumen.

Wer auf sein Herz hört, der erkennt auch die Liebe, die in ihm steckt. Liebe heißt, lass immer eine Brücke entstehen. Und die wird gebaut aus den Steinen Vertrauen, Geborgenheit, dem Glauben an den Nächsten, Verständnis und Treue. Und mit jedem Schritt, mit jedem Stein, den man auf den anderen setzt, lernt man den anderen lieben und zu achten.

Achtung vor den Menschen die man liebt, ist eine der größten und wichtigsten Aufgaben, die das Leben an uns stellt. Und es ist eine schöne Aufgabe, denn wenn wir sie richtig erfüllen, dann schenkt sie den Menschen, die wir lieben, Freude, Trost und Kraft ins Herz.
Und man wird eines sehr schnell feststellen. Wenn es so wird wie zwischen der Person, die ich oben erwähnte und mir, dann ist es ein ständiges Geben und Nehmen. Daraus entwickelt sich dann großer innerer Reichtum und Freude. Die Augen glänzen und man hat immer ein Lächeln im Gesicht.
Niemand soll jetzt denken, der ist doch völlig weltfremd. Nein, das bin ich nicht. Ich setze nur andere Prioritäten und behandle Probleme aus der Souveränität des Herzens heraus. Denn wer auf sein Herz hört und nicht auf den Verstand, der wird immer richtig entscheiden.

Es ist still!

Ich sitze hier und sehe in die Nacht hinaus. Es ist still. Lediglich das Geräusch eines gelegentlich vorbeifahrenden Wagens ist zu hören. Die Flamme der Kerze, die vor mir steht, bewegt sich im Luftzug des gekippten Fensters. Lange sitze ich nun schon so hier und spüre die Einsamkeit. - Wohltuend! Oder doch nicht? Ich weiß es nicht. Es ist so vieles geschehen in der letzten Zeit, in den letzten Jahren. Zuviel um es hier niederzuschreiben. Und doch bewegt es mich, will hinaus aus meinem Herzen. Aber wo will es hin? All diese Dinge gehören doch zu mir und ich zu ihnen. Was wäre ich ohne all diese Erfahrungen? Ich weiß es nicht.

Allein die Last ist es, die mich so bedrückt, die Last der nicht verarbeiteten Dinge. Wann soll ich es denn auch tun. Immer wieder, wenn ich gerade dabei bin über Dinge nachzudenken, die in meinem Leben geschehen sind, kommt etwas Neues hinzu. Immer Negativ!

Warum versuche ich immer wieder davon zu laufen, frage ich mich. Und bekomme keine Antwort. Von wem auch, es ist ja niemand hier. Und warum kann ich es nicht tun, wenn jemand bei mir ist? Vielleicht hat das den einen Grund, dass ich mit Menschen, die mir etwas bedeuten, nur schöne Momente erleben will, oder will ich diese Menschen schützen vor meiner seelischen Zerrissenheit?

Warum gibt es so viele Fragen, auf die man so schwer Antworten bekommt? Warum müssen wir nur so schwere

Fragen an das Leben stellen, die alles verkomplizieren und nur noch trübsinniger machen? Liegt es wirklich einzig und allein daran, dass wir den Regeln und Gesetzen der ach so scheinheilig glücklichen Gesellschaft unterworfen sind? Liegt es wirklich nur daran, dass wir die Sprache der Wahrheit verlernt haben? Die Sprache, die alle Tiere und Pflanzen sprechen und die immer glücklich sind.

Schon eigenartig dieser Gedanke, dass sich alle Tiere und Pflanzen unterhalten, ohne je ein Wort zu verlieren. Und doch tun sie es. Nur wir Menschen, wir haben es verlernt. Und warum? Na, weil wir diese Sprache nicht sprechen dürfen. „Wie sieht das denn aus, wenn ich mich mit einer Blume unterhalte?" Ich bin mir sicher, dass würde ich es tun, in aller Öffentlichkeit, so würden sicher bald zwei nette Herrn kommen und mich zu einem lieben netten Mann bringen, der nur mein Bestes will.

Was sagte einmal ein behinderter Mann zu mir: „Weißt Du, wir Krüppel leben viel intensiver als alle anderen Menschen." Jetzt wo ich selbst schwer krank bin und mir jeder Tag schwerer fällt, muss ich ihm Recht geben. Man macht sich wieder Gedanken über den Sinn des Lebens und stellt fest, dass alles, was man bisher scheinbar erreicht hat, Nichts ist. Jede gesellschaftliche Stellung, jedes Status-symbol alles ist nichts, wenn man innerlich leer und abge-stumpft ist. Mit leer meine ich unsere Emotionen, ja wo sind sie denn? Männer dürfen nicht mehr weinen. Liebe er-kaltet immer schneller. Beziehungen werden nur noch zum Eigennutz eingegangen. Kinder stören die Karriere, das

Familiengefühl ist verschwunden. Man sieht nur noch sich und ist auch noch mit sich selbst unzufrieden.

In der Bibel steht der Satz: „Liebe Deinen Nächsten wie dich selbst!" Ja wie soll ich denn meinen Nebenmann akzeptieren und respektieren, wenn ich mit mir selber nicht zufrieden bin? Das geht nie! Also muss ich bei mir selbst beginnen. Vielleicht mal wieder bewusst die Schicksale in meiner Umgebung betrachten, damit ich merke, wie gut es mir doch geht. Damit ich merke, „verdammt noch mal, was tue ich eigentlich?"

Dann kann ich auch anfangen, mich zu verändern. Dazu braucht man nicht erst schwerkrank zu werden oder gar auf dem Sterbebett zu liegen. Denn dort ist es eh zu spät. Jetzt muss ich anfangen mein Leben zu verändern und in eine Richtung zu steuern wo ich wieder sagen kann „Ja, ich bin mit meinem Leben zu 100% zufrieden, so wie es jetzt ist. Und was morgen ist, das sehen wir dann."

Wir Menschen machen auch immer wieder den Fehler, dass wir meinen, alles müsse geplant und vorausberechnet sein. Nein! Wir leben im Heute! Nur Heute haben wir die Möglichkeit unser Leben zu gestalten. Was gestern war, das ist vorbei, das muss ich so hinnehmen wie es war, denn ändern kann ich daran nichts mehr. Und morgen ist noch nicht. Und keiner von uns weiß, was morgen auf uns zukommt. Vielleicht sterben wir in der kommenden Nacht, und dann? Dann stehen wir in der neuen Welt und müssen uns sagen, dass wir im körperlichen Leben versagt haben. Unsere Lebensaufgabe nicht erfüllt, und warum? Weil wir uns nicht an das einfachste Gebot, dass einmal auf der Welt galt gehalten haben. Weil wir uns von Vorgaben, Lebensmustern und Regeln der angeblich so tollen Gesellschaft haben täuschen und betrügen lassen. Weil wir und selbst vergessen haben.

Und dann sitzen wir da, und schauen hinaus in die Nacht. Es ist still!

Bald ist Advent. Zeit der Besinnung und Vorbereitung. Aber auf was? Auf die Erinnerung an das schönste Geschenk, dass der Menschheit je gemacht wurde. Gott schenkte uns seinen einzigen Sohn. Und was machen wir egoistischen Menschen aus diesem großen Fest?

Ein kaltes, bedeutungsloses Ritual. Wir sind ja nicht mal mehr bereit unserem Nebenmann auch nur ein warmes Lächeln zu schenken, so sind wir mit uns selbst beschäftigt. Weihnachten heißt heute Stress, Zusatzbelastung. Wir rennen von Weihnachtsfeier zu Weihnachtsfeier, kaufen dazwischen lieblos irgendwelche Geschenke, weil wir uns gar keine Gedanken mehr darüber machen, wie wir den Menschen, die wir lieben eine Freude machen können.

Als ich diese Tage mit dem Lebensgefährten meiner Mutter sprach und ihn fragte, mit was ich ihm denn schenken könnte um ihm eine kleine Freude zu machen, bekam ich eine Antwort, die mich sehr getroffen hat. Er sagte zu mir: „Allein damit, dass Du mich angerufen hast um mich das zu fragen, hast Du mir schon sehr viel geschenkt. Aber wenn Du unbedingt etwas schenken willst, dann schenk mir an Weihnachten etwas Zeit, damit wir dieses Fest gemeinsam mit Deiner Mutter erleben können."

Ich war zu tiefst berührt von diesen Worten. Wer hat denn heute noch Zeit? Auch noch zum Verschenken, hab ich mich dann gefragt. Wenn man ehrlich ist, keiner der im „reellen" Alltag steht. Aber wie reell ist denn dieser Alltag? Er ist doch nur künstlich hochgezogen um vor sich selbst weglaufen zu können mit dem Satz: „Ich habe keine Zeit!" Irgendwann hat man nicht mal mehr Zeit für den, der einem das Liebste auf der Welt ist. Und dann?

Dann sitzt man da und schaut in die Nacht hinaus.

Und es ist still, sehr still und einsam.

Und das Licht der Kerze ist erloschen.

Der Atem schweigt. Und es ist still.

1000 Stimmen

Ich stehe am Wasserfall und höre auf die Flut, die sich in die Tiefe stürzt. Und es klingt als seinen es 1000 Stimmen und jede einzelne will mir etwas erzählen, mir etwas raten. Doch leider ich kann sie nicht verstehen. Immer noch bin ich zu weit von der Stimme der Wahrheit entfernt. Aber schon so nah, dass ich die Stimmen wahrnehmen kann. Alles was ich verstanden habe war „Lebe!"

Was meinen die Stimmen damit? Ich lebe doch. Oder nicht? Wohl nicht, denn sonst würden diese 100 Stimmen mich wohl nicht dazu auffordern. Ist das vielleicht unsere Lebensaufgabe, die Stimmen der Wahrheit wieder zu verstehen? Dürfen wir danach nach Hause? Nach Hause, wo ist das eigentlich? Sind wir Menschen nicht Nomaden, die eigentlich nur auf dieser Erde sind um eine ganz bestimmte Aufgabe zu erfüllen? Vielleicht ist es tatsächlich so, dass wir nur über schwerste Schicksalsschläge in der Lage sind, die Sprache der Wahrheit wieder zu entdecken, und gleichzeitig noch die Geduldsprobe zu bestehen. Wenn wir beides erfüllt haben, dann dürfen wir glücklich und erfüllt wieder nach Hause.

Ich habe so viele Menschen beobachtet, die wieder nach Hause gegangen sind. Die einen glücklich und erfüllt. Die anderen elend leidend, ja schreiend haben sie das Hier verlassen, einsam, verlassen und leer. Und die, die in aller Ruhe sich auf den Weg nach Hause machen, an denen kann man beobachten, wie sie sich mit anderen vorher noch unterhalten, wie sie ihre Wegbegleiter begrüßen und willkommen heißen. Zusammen mit ihnen machen sie sich dann Schritt für Schritt auf den Weg in die „neue" Welt, die wir vielleicht tief in unserem Inneren schon kennen. Die aber mit alle möglichem Alltagsmist verdeckt wurden und was uns die Erinnerung an zu Hause so schwer macht.

Vielleicht ist das auch der Grund, warum immer weniger Menschen „Heimweh" haben. Weil sie vergessen haben wo Daheim ist.

Im Volksmund sagt man „Daheim ist da, wo das Herz ist!" Und wo ist das Herz? Welches Herz? Hab ich so was? Könnte sich jetzt manch einer Fragen. Tja, es ist kalt geworden in uns. Die Stimmen, die wir noch vor Jahren hörten, die uns immer begleitet haben in unserer Kindheit, wenn wir alleine waren, sind leiser geworden oder ganz verstummt. Sind sie wirklich leiser geworden? Nein, wir sind nur nicht mehr in der Lage sie zu hören, weil unsere Ohren krank geworden sind. Krank vom Lärm der Zeit. Krank vom Lärm der Eitelkeit und des Egoismus. Krank vom Lärm der Jagt nach Ruhm und Anerkennung. Der Schmalz der Idiotie hat unsere Ohren verstopft. Der Schmalz des Hasses und der Gewalt.

Und dann bekommen viele noch Ohrenstopfen, damit sie nur noch das hören, was ihre Führer ihnen sagen. Egal ob von ihren Religionsführern oder den Politikern. Die Stopfen sind so gemacht, dass nur diese Klänge hindurch kommen.

Aber wie heilt man diese kranken Ohren. Wie bekommt man sie wieder sauber und wie bekomme ich diese Stopfen wieder raus? Nur durch meinen eigenen festen Willen, mein Leben selbst zu steuern. Nur durch den festen Wunsch, endlich nach Hause zu kommen. Und ich frage mich immer wieder, ob ich dazu eine Kirche brauche oder ob ich das auch alleine schaffe. Auf diese Frage bekomme ich nur ein Ja. Denn, ohne Kirche, kann ich keine Gemeinschaft mit Jesus durchs Abendmahl erleben und somit auch nicht mit Gott. Ohne Kirche, fehlt mir das Wort Gottes, das mich aufbaut und mir Kraft gibt. Das Wort Gottes ist Brot für unsere Seelen. Und noch eines gibt mir das Wort Gottes, Hinweise auf unsere wirkliche Heimat. Nämlich die Heimat bei Gott.

Wie sieht denn diese Heimat aus? In der Heiligen Schrift ist sie beschrieben als die Stadt der goldnen Gassen und die Herrlichkeit Gottes wird mitten in ihr sein. Ich werde gerade daran erinnert, wie ich mir diese Stadt als Kind vorgestellt habe. Es war eine Stadt, deren Straßen aus Gold waren. Die Häuser sind aus Edelsteinen gebaut, die heller leuchten als alle Diamanten und Rubine, die die Welt kennt. Und mittendrin steht Gott mit einem Licht, das 1000x heller ist als die Sonne. In den Bächen fließen nicht Wasser sondern Milch und Honig, so wie es dem Volke Israel nach dem Auszug aus Ägypten verheißen war. Und um diesen großen Gott haben sich alle versammelt, die Gott erwählt hat mit ihm auf ewig in dieser Stadt zu leben. In der Stadt, in der niemand mehr weinen wird und keiner mehr krank ist. Dort wird es auch keine Sünde und keinen

Tod mehr geben. Das muss doch so herrlich sein. Ich will auch einmal dort dabei sein.

Aber wie komme ich denn dort hin? In dem ich lebe. Aber wie leben? In der heiligen Schrift steht, es werden alle dabei sein, die ein Gott wohlgefälliges Leben geführt haben. Aber was muss ich denn tun, um solch ein Leben zu führen? Jesu sprach einmal davon, dass man die Gebote achten soll. Aber um es uns Mensch einfacher zu machen, fasste er alle Gebote zu einem zusammen. „Du sollst Gott Deinen Herrn lieben von ganzem Herzen und ganzem Gemüte, und Deinen nächsten wie Dich selbst." Und ich bin mir sicher und empfinde es auch so, dass wenn man sich an dieses Gebot hält, dass einem dann die Stimmen der Wahrheit den nächsten Schritt erklären werden.

Ja, wieder einmal ist das Thema „Liebe Deinen Nächsten". Viele, die meine anderen Texte gelesen haben, werden vielleicht sagen: „Nicht schon wieder." Aber für mich stellt sich immer mehr heraus, dass dies ein elementarer Punkt zu einem erfüllten Leben ist. Aber warum ist das so? Weil nur, wer den Nächsten achtet und „liebt", der wird wieder „geliebt". Und der nächste ist nicht nur der, der in der eigenen Familie ist, sondern jeder, der mir gegenüber steht, sitzt, lebt oder arbeitet. Einfach jeder, der mir begegnet. Außerdem kann man, wenn man wirklich jeden akzeptiert und toleriert vieles erreichen. Stellen sie sich einmal vor, wie der Kollege, der sie absolut nicht leiden kann oder sogar mobbt, schaut, wenn sie ihm einen Kuchen hinstellen und sagen: „Hier für Dich!" und ihn dann liebevoll anlächeln. Ich weiß, solche Aktionen sind sehr schwer und dennoch von Nöten. Denn Jesus sagte auch damals, dass wir unsere Feinde lieben sollen. Und er hat es uns auch vorgelebt. Als deutlichstes Beispiel will ich hier seine Kreuzigung erwähnen, als er sagte: „Vater, vergib ihnen, denn sie wissen nicht was sie tun." Er hatte ihnen vergeben, und welche liebe muss man da in sich tragen um seinen Mördern zu verzeihen. Und wir Menschlein, maßen uns an einen Menschen zu verurteilen, nur weil er unseren Gruß nicht erwidert? Eigentlich traurig.

Engel in Menschengestalt

Was ist ein Engel? Ein Engel ist eine Persönlichkeit, die von Gott mir besonderen Merkmalen ausgestattet ist um anderen Menschen eine Hilfe zu sein.

Allerdings, so meine Überzeugung, sind Engel keine Wesen mit Flügeln und für uns Menschen unsichtbar. Nein, sie leben mitten unter uns und sind in den Menschen verkörpert, die für uns zum Wichtigsten in unserem Leben werden.

Genau solch einen Engel habe ich getroffen und ich danke Gott dafür, dass er mir diesen in mein Leben geschickt hat.

Aber wie erkennt man solche Engel? Nun, es sind die Menschen, die einen ganz besonderen Charakter haben. Die Persönlichkeiten, für die Vertrauen, Geborgenheit, Liebe, Freundschaft und Menschlichkeit die wichtigsten Werte in der Welt sind.

Diese Engel haben aber oft kein leichtes Leben, denn sie verstehen die Menschen nicht. Sie verstehen nicht, wie man so „falsch" und hinterhältig miteinander umgehen kann. Warum immer wieder die Enttäuschung in ihr Leben und in das Leben vieler Menschen tritt. Sie können nicht verstehen, warum die Menschen verlernt haben zu lieben und zu vertrauen.

Ich versuche einmal eine Antwort darauf zu geben, wie ich für mich diese Tatsachen begründe.

Jeder Mensch in dieser Welt bekam von Gott den eigenen Willen, mit dem er sich für den guten oder den bösen Weg entscheiden kann. Zu entscheiden den Weg der Gemeinschaft oder des Egoismus zu gehen. Und dieser Wille wird ständig von uns gefordert aber auch von den Geistern dieser Welt penetriert. Diese Geister versuchen uns zu vermitteln, dass wenn wir nur nach uns sehen, es uns doch wesentlich besser geht. Sie suggerieren uns, dass uns das Elend und die Probleme der anderen nichts angehen. Und sie gewinnen.

Trifft nun einer dieser Engel mitten in die Gesellschaft und versucht die Menschen zu verstehen, so wird er dort nur dieses Intrigantentum und den Egoismus finden. Er wird versuchen Menschen zu lieben, die ihn vielleicht auch kurzzeitig lieben, aber dann wieder das Vergnügen suchen und den Engel vergessen, der ihnen eigentlich den guten Weg zeigen will.

Und dies geschieht sooft, bis der Engel völlig am Boden zerstört ist und keine Freude mehr daran hat, anderen zur Seite zustehen. Und genau in diesen Momenten trifft auch der Engel auf einen anderen Engel, dem es genauso erging. Und nun werden diese beiden Engel gemeinsam versuchen, durch ihre Gemeinschaft ein lebendes Beispiel zu sein. Ein Beispiel für ein schöneres und harmonischeres Leben. Doch keiner sieht sie.

Durch die Verletzungen und Narben an ihren Herzen, werden die Engel alles daran setzen, dass sie niemand mehr verletzen kann. Aus diesem Schutzwillen heraus, stellt sich ein Engel vor den anderen. Das Resultat daraus? Engel sind ein kleine Gruppe von Menschen, deren Kontakte verschwindend klein sind, aber sie werden glücklich sein und suchen weiter nach dem Menschen, der ihr Vorbild annimmt und zu ebenso einem Engel wird.

Leben vs. Sinn

Der große Kampf des Lebens gegen den Sinn des Lebens. Es gehört heute schon zum guten Ton sich in philosophischen Diskussionen über den Sinn des Lebens zu debattieren. Doch, was bringt das eigentlich?

Sicher haben auch sie schon einmal versucht über den Sinn ihres Lebens nachzudenken, wie ich auch. Man muss dabei feststellen, dass man nie auf ein Ergebnis kommt, dass einen wirklich befriedigt. Denn hat man eine der vielen Fragen beantwortet, so stellt sich sofort eine neue, oder die ursprüngliche Frage beantwortet sich schon mit einer Gegenfrage.

Wir werden nun einmal gemeinsam versuchen, eine Begründung dafür zu finden.

Für viele gläubige Menschen, ist das Leben durch Gott bzw. durch eine höhere Macht vorbestimmt. Für mich als Christ, ist es Gott und aus diesem Grund werde ich mich nun im Weiteren beziehen. Das Leben ist also von Gott für uns vorbestimmt und mit einer Lebensaufgabe versehen. Wenn diese Lebensaufgabe erfüllt ist, dann ist auch das Leben zu Ende, da es keinen Sinn mehr hat. Daraus lässt sich nun folgendes ableiten.

Würden wir unsere Lebensaufgabe, also den Sinn unseres Lebens kennen, so gönnten wir diese jetzt erledigen. Aber was dann? Unser Leben wäre zu Ende, weil eben der Sinn fehlt. Außerdem, wären wir jetzt in der Lage unsere Lebensaufgabe zu erfüllen? Sicher nicht, denn uns fehlt ja all die Erfahrung, die wir in unserem Leben gesammelt haben und die wir zur Erfüllung unserer Aufgabe auch brauchen. Ohne all diese Erfahrungen könnten wir vielleicht der Aufgabe mehr schaden als dienlich sein.

Viele Psychologen und Persönlichkeitsanalysten haben schon versucht, hinter dieses Geheimnis zu kommen. Aber keiner hat es wirklich geschafft. Im Gegenteil, manche haben so gar etwas entdeckt, dass sie nicht entdecken sollten und Gott hat ihnen dafür den Verstand geraubt.

Es also, aus meiner Sicht nicht gut, wenn wir den Sinn des Lebens kennen würden, denn es würde gar nichts daran ändern, im Gegenteil, wir hätten vielleicht sogar die Angst davor zu versagen.

Im Titel steht Leben vs. Sinn. Das hat auch seinen Grund. In einem Gespräch vor wenigen Tagen habe ich folgenden Satz geprägt. Mit dem Nachdenken über den Sinn des Lebens, vergeuden wir Zeit, in der wir hätten leben können.

Allzu oft beschäftigen wir uns mit Dingen, die uns die Zeit zum wirklichen Leben rauben. Und dazu gehört für meinen Teil auch das Nachdenken über den Sinn des Lebens.

Das Leben ist zu schön, um nur darüber Nachzudenken, es will gelebt sein. Ich für meinen Teil habe mich dazu entschlossen zu leben.

Was heißt leben eigentlich? Cape diem - Nutze den Tag und fülle ihn mit Dingen, die Dich glücklich machen!

Was macht einen denn glücklich? Für mich sind es nicht die Statussymbole, Reichtum und Macht. Es sind viel mehr die Dinge, von denen sich das Herz auch ernährt. Es sind die vielen kleinen Wunder, die die Natur uns zu bieten hat. Es ist die Liebe zu dem Menschen, den man nie mehr verlieren möchte. Aber auch die Liebe zu den Menschen, die uns aufgezogen und zur Welt gebracht haben und vieles, vieles mehr.

Beginnen wir zu leben und hören wir auf über den Sinn des Lebens nachzudenken, was uns nur die Zeit zum Leben stielt. Wenn wir das tun, kommt der Sinn des Lebens von ganz allein auf uns zu.

Am Ende ist alles gut!

Sicherlich sagen viele von Ihnen jetzt. So ein Blödsinn, wie kann er das sagen, der weiß ja gar nicht wie es mir geht. Darin stimme ich Ihnen sogar zu. Ich kann nicht wissen, wie es Ihnen geht, wie Sie sich im Moment fühlen und doch kann ich mit Überzeugung sagen, dass auch bei Ihnen das Ende gut wird.

Ende heißt hier nicht das Ende des Lebens, sondern des Zeitabschnitts in dem wir im Moment leben oder der noch auf uns zukommt und viel Kraft kosten wird.

Es gibt so viele Situationen in unserem Leben, in denen wir immer wieder fragen: „Warum ich?" Die Antwort darauf bleibt uns oft verwehrt und wir verstehen nicht warum das eine oder andere passiert. Aber wenn wir nach einer gewissen Zeit ein Resümee ziehen und in den Spiegel des Lebens blicken, so erkennen wir doch, dass alles, was wir erlebt und durchlebt haben seinen Sinn hatte. Vieles davon brauchen wir, um später unsere Lebensaufgabe zu erfüllen. Es sind Erfahrungen, aus denen wir lernen und Erkenntnisse ziehen, die wir später einmal wieder brauchen werden. Sei es um jemand anderem einen Rat zu geben, oder einen Fehler kein zweites Mal zu machen.

Nun wie komme ich wohl auf all diese Gedanken. Das ist relativ einfach erklärt. Zum einen weil ich es selbst schon so erlebt habe und zum anderen kommt es aus meiner persönlichen Glaubensüberzeugung, denn „Was Gott tut, ist am Ende gut". Aus meiner Sicht heraus geschieht in dieser

Welt nichts, dass nicht von Gott zugelassen wird. Vieles wird uns auf erlegt um unsere Seelen auf einen gewissen Reifegrad zu bekommen. Wie ein Diamant, den man schleifen muss, bevor er zu einem wertvollen Objekt wird.

Sicher fragen Sie sich jetzt, wo denn der Sinn in diesen Gedankengängen liegt. Diese Gedanken sollen uns wieder etwas aufbauen und stärken, Hoffnung geben auf einen Erfolg. „Am Ende ist alles gut!" Dieser Satz zeigt uns, dass alles seinen Sinn hat und wir nicht unsere Kraft damit verschwenden müssen mit der Frage „Warum ich?". Mit diesem Satz können wir uns voll und ganz darauf konzentrieren die Situation, in der wir stehen, zu meistern und immer noch Kraftreserven zu haben.

Ich wünsche Ihnen allen ein glückliches Ende der Dinge, die Sie umtreiben.

Der weinende Clown

Es gibt Menschen auf der Erde, die sind einfach immer nur betrübt und traurig. Andere wiederum sind ständig gut drauf und machen einen Spaß nach dem anderen. So wie der Clown.

Doch der Clown hat noch eine besondere Eigenschaft. Ihm ist das Lachen auf das Gesicht gezeichnet. Er kann gar nicht anders als immer nur zu lachen.

Aber ist er wirklich so, wie er nach außen scheint? Sicherlich nicht. Des Clowns Aufgabe ist es andere Menschen zum Lachen zu bringen. Und mit jedem Lachen, dass er auf ein fremdes Gesicht zaubert, verliert er etwas von seinem Frohsinn. Aber warum? Das ist ganz einfach. Mit jedem Lachen, dass er einem anderen schenkt, nimmt er dessen Schwermut mit sich.

Aber es gibt noch einen Grund, warum der Clown innerlich immer trauriger wird. Er kann es nicht verstehen, dass er immer und immer wieder mit Füßen getreten wird, obwohl er doch eigentlich Gutes tut. Und doch schuppst ihn jeder fort, wenn man seine Späße gesehen hat. Nur die Kinder schenken ihm die Anerkennung die er verdient.

Was bleibt also diesem armen Clown, als nach Außen immer zu Lachen und nach Innen zu Weinen, denn es würde ihm ja sowieso keiner glauben, dass auch er belastet ist.

Und warum? Weil nur der Clown das wahre Leben kennt und versteht.

Kommerznachten

Es ist wieder einmal soweit. Es ist Dezember, die Tage sind sehr kurz und mit großer Hektik beladen. Aus allen Lautsprechen dröhnt grässliche, harmonische Musik, die uns an ein bestimmtes Fest erinnern soll. Welches war das doch gleich?

Ach ja, am 24. ist ja wieder Kommerznachten. Seit Ende September sehen wir die großen Einkaufsketten mit Lichtern, Kerzen geschmückt und es gibt Lebkuchen, Marzipan und Nikoläuse zu kaufen. Aber warum schon im September? Nun, wir, die Menschen, sind so dumm und kaufen uns die Leckereien auch schon im September, weil sie uns gut schmecken. Wir kaufen sie nicht mehr aus dem Grund, sie zu verschenken und anderen damit eine Freude zu machen. Nein, wir fressen sie selber und schimpfen anschließend auch noch darüber.
Kommerznachten, was war denn das früher eigentlich?

Hm................ ach ich erinnere mich. Weihnachten hieß das ja damals. Die Tage habe ich jemandem die Frage gestellt, was denn vor ca. 2000 Jahren passiert ist in dieser Zeit. „Keine Ahnung", war die Antwort.

Schlimm, dass die Menschheit das schönste Geschenk vergessen hat, dass man ihr einmal gemacht hat.

Vor etwas über 2000 Jahren schenkte uns Gott seinen Sohn, damit er die Welt von der Sünde befreie und den Tod entmachte. Welch großartiges Geschenk.

Und was machen wir daraus? Ein Fest des Kommerzes und der Hektik. Wir jagen von einem Kaufhaus zum nächsten. Kaufen ein Geschenk, größer als das andere und von Jahr zu Jahr mehr, denn man will ja niemanden enttäuschen. Die einzigen, die dann wirklich an Heiligabend feiern, sind die Besitzer der Kaufhausketten. Die sitzen dann da und sagen: „Wie dumm ist doch die Menschheit geworden. Mit unserer Taktik, haben wir ein Familien- und Freudenfest zu einem Chaos gemacht. Schaut Euch nur die vielen dummen Familienväter an, die meinen sich in Schulden werfen zu müssen um ihren Frauen teuren Schmuck zu schenken, anstatt ihnen einfach nur Zeit zu widmen."

Sind wir Menschen wirklich so dumm, dass wir vergessen haben, dass Weihnachten das Fest der Liebe ist?

In vielen Familien verschwinden an Weihnachten die Kinder, weil sie den Streit in der Familie nicht aushalten. Viele freuen sich auch einfach nur über die freien Tage, ohne darüber nachzudenken, wozu dieses Fest eigentlich dient.

Ich will es uns mal wieder ins Gedächtnis rufen.

1. Weihnachten ist das Fest der Liebe:

Gott schenkte uns Menschen, das Leben seines Sohnes Jesus Christus. Wie groß muss wohl die Liebe Gottes zu uns Menschen sein, dass er bereit war, seinen Sohn ans Kreuz nageln zu lassen.
Mit unseren kleinen, wohlbedachten Geschenken, wollen

wir unseren, uns am nächsten stehenden Menschen zeigen, wie lieb wir sie haben. Dazu muss ich aber nicht in jedem Jahr den Preis des Geschenks ansteigen lassen. Nein, ich muss es von ganzem Herzen tun.

2. Weihnachten ist das Fest des Dankens:

Wäre es nicht angebracht, Gott unserem Herr und Schöpfer dafür zu danken, dass er uns seinen Sohn geschenkt hat?
Die Kirchen in der Welt werden immer leerer und leerer. Kaum noch einer sucht die Nähe zu Gott und noch weniger um ihm zu danken.
Wann haben wir das letzte Mal unserem Partner gedankt, dass er alle unsere Sorgen mit trägt? Wann haben wir das letzte Mal unseren Eltern gedankt, für unsere Erziehung und ihren Beistand bis heute? Wann haben wir das letzte Mal unseren Freunden gedankt, dass sie immer für uns da waren, wenn wir sie gebraucht haben?

Ich für mich werde in diesem Jahr wieder damit anfangen, denn wenn keiner den ersten Schritt tut, dann werden wir Menschen uns bald selbst nicht mehr kennen und nicht nur die Feiertage vergessen haben.

3. Weihnachten ist das Fest der Besinnung

Wer von uns weiß denn ganz genau, wer er denn eigentlich ist, und wo welches Lebensziel er hat? Welches sind unsere Standpunkte und Überzeugungen im Leben? Führe ich ein authentisches Leben? Sprich, bin ich der, für den ich mich ausgebe?

Das sollen nur mal ein paar wenige Fragen sein, an denen man wieder einmal zur Besinnung kommen kann.

Ich denke, mit diesen drei Punkten liegt ein Grundstein für Gedanken, warum es Weihnachten gibt. Und vielleicht ist es uns dadurch möglich wieder mit Kraft und Ausdruck dieses Fest zu begehen.

Vielen Dank lieber Leser, dass Du die Geduld hattest, alles bis zum Ende zu Lesen.

Gerne nehme ich ein Feedback von Dir entgegen.

Schreib mir unter

juergenscheubach@gmail.com

Herstellung und Verlag:
Books on Demand GmbH, Norderstedt
ISBN 978-3-8448-1576-4